ANNALES DES SCIENCES POLITIQUES

Revue bimestrielle

Publiée avec la collaboration des professeurs et des anciens élèves de l'École libre des Sciences Politiques

QUATORZIEME ANNÉE

EXTRAIT

L'EMPIRE BRITANNIQUE

PAR

Émile BOUTMY, de l'Institut.

PARIS

ANCIENNE LIBRAIRIE GERMER BAILLIÈRE ET Cie

FÉLIX ALCAN, ÉDITEUR

108, BOULEVARD SAINT-GERMAIN, 108

1899

Les ANNALES DES SCIENCES POLITIQUES, quatorzième année, 1899, sont la suite des ANNALES DE L'ÉCOLE LIBRE DES SCIENCES POLITIQUES. Elles paraissent tous les deux mois (les 15 janvier, 15 mars, 15 mai, 15 juillet, 15 septembre, 15 novembre), par fascicules grand in-8.

PRIX D'ABONNEMENT

1 an (du 15 janvier)

Paris	18 fr.
Départements et étranger	19 fr.
La livraison	3 fr. 50

On s'abonne à la librairie **FÉLIX ALCAN**, 108, boulevard Saint-Germain, Paris, chez tous les libraires, et dans les bureaux de poste.

Les années écoulées se vendent séparément : les trois premières, **16 fr.**, les suivantes, **18 fr.** chacune. Les livraisons des 8 premières années se vendent l'une **5 fr.**; à partir de la neuvième année, **3 fr. 50** chaque livraison.

L'EMPIRE BRITANNIQUE

I

L'Empire britannique s'étend sur les cinq parties du monde. Il occupe une surface notablement supérieure à celle de l'Empire russe. Sur cette surface s'espacent ou se pressent 387 millions d'habitants.

La première et frappante impression que laisse une vue d'ensemble du Royaume-Uni et de ses dépendances, c'est le contraste entre cette petite île de Bretagne et l'immense étendue où l'on parle sa langue, l'énorme empire qui porte ses couleurs, reconnaît son autorité réelle ou nominale. On sent ici moins une nation qu'une race mère de nations distinctes ou qu'un *guild* de marchands qui exploitent le monde, se divisant en branches pour mieux répartir le travail. Cette diffusion rappelle tantôt Carthage et ses innombrables comptoirs, tantôt les ἀποικίαι grecques qui aboutissaient à la fondation de cités nouvelles; ces immenses exodes ressemblent au déversement d'un excédent d'individus destinés à se dénationaliser plutôt qu'à l'expansion d'un peuple destiné à demeurer un seul État sur tous les rivages où il crée des établissements.

L'Empire britannique n'est pas un tout compact et homogène; c'est un agrégat de parties qui ne sont aucunement fondues et assimilées entre elles, et dont la constitution politique, la religion, les mœurs, le degré d'autonomie, le centre de gravitation et les destinées probables varient à l'infini.

Je distingue d'abord, tout à fait à part, l'énorme et très dense empire indien avec ses 287 millions d'habitants, dont 100,000 Anglais ou Européens seulement. Cet empire est gouverné pour les quatre cinquièmes sous l'autorité directe et absolue de la couronne, sans intervention ni contrôle de la part des indigènes, sans surveillance effective de la part des chambres; — pour le cinquième restant, par des princes nationaux, quelques-uns tributaires, tous subordonnés politiquement et diplomatiquement à un résident, ce qui revient à dire qu'ils sont sous un régime dont nos protectorats du Tonkin et de la Tunisie peuvent nous donner l'idée.

En dehors de l'Inde, je distingue deux groupes de colonies. Le premier est celui des *Crown colonies*, colonies de la couronne. Le plus grand nombre est administré par des gouverneurs royaux assistés d'un conseil dont tous les membres sont nommés par le gouvernement anglais. Il n'y a aucune représentation des habitants; ceux-ci sont soumis à un pouvoir entièrement arbitraire. Tels le Honduras, la Trinité, Ceylan.

Une autre catégorie est celle des colonies pourvues de conseils législatifs où figurent des membres élus à côté des membres officiels. Malte élit quatorze membres d'un conseil exécutif qui en compte vingt. Les membres élus sont généralement en petit nombre; ils sont choisis par un corps électoral très restreint [1] et le gouverneur les tient dans sa main.

La participation des administrés à l'administration est encore ici une pure fiction. En Guyane, il y a 900 électeurs pour 260,000 habitants. La *Court of Policy* (conseil gouvernant) comprend le gouverneur, quatre fonctionnaires et cinq membres élus qui sont choisis par la cour elle-même sur une liste double dressée par un collège très restreint d'électeurs à vie [2]. Les Bermudes, les îles Bahama, se placent un peu plus haut dans l'échelle du *self government*. D'autres colonies, comme les Barbades, présentent un spécimen encore plus développé du régime représentatif. Elles se rapprochent du type normal, soit par l'importance du corps électoral (4000 électeurs pour 175,000 habitants), soit par le soin que le législateur met à observer les formes de la procédure parlementaire anglaise pour la proposition des lois, le vote du budget et la critique du gouvernement. Mais la composition du conseil exécutif, dont la moitié moins un est formée de fonctionnaires qui siègent en vertu de leurs fonctions, empêche le *self government* d'exister dans sa plénitude. Les Barbades sont seulement sur le seuil du gouvernement parlementaire, c'est-à-dire du gouvernement où les ministres responsables devant les Chambres sont choisis virtuellement par elles [3].

1. Antigua a 292 électeurs pour une population de 34,000 habitants.

2. S'agit-il de questions financières, la cour s'adjoint six représentants financiers élus pour deux ans et rééligibles. La *Court of Policy* devient alors *the combined court*. Les membres financiers ne peuvent discuter aucun article du budget sans la permission du gouverneur. Mais ils prétendent en avoir le droit; de là des disputes sans fin.

3. Depuis que ces lignes sont écrites la condition des *West Indies* a partiellement changé. Le gouvernement de la métropole a consenti à venir en aide à plusieurs

Le second groupe est formé des colonies qui jouissent d'une manière effective du gouvernement parlementaire. Ce sont : le groupe nord-américain (Canada), le groupe africain (le Cap, Natal), le groupe australasien (Australie et Nouvelle-Zélande). Là encore, une grande variété. La plupart de ces colonies ont deux chambres, comme Québec, Victoria, le Cap; d'autres, une chambre seulement, comme Ontario et la Colombie britannique. Ici les deux chambres sont électives, comme en Tasmanie et à Victoria. Là, la chambre haute est nommée à vie, comme dans le *Dominion of Canada*, la Nouvelle-Galles du Sud ou la Nouvelle-Zélande. Les unes sont constituées en confédération; ce sont toutes les colonies nord-américaines, Terre-Neuve exceptée; elles ont formé le Dominion of Canada. Les autres ont préféré jusqu'ici se gouverner isolément, quoi qu'il y ait çà et là des signes, et même en Australie l'amorce, d'un rapprochement plus ou moins prochain, encouragé ou provoqué par la métropole[1]. Les colonies de ces trois groupes (Canada, Cap, Australie) peuvent être considérés comme des États pratiquement autonomes. Trois points seulement les distinguent des États proprement souverains : 1° le chef nominal du pouvoir exécutif, le gouverneur, est choisi non par la nation, mais par une autorité extérieure. Cette autorité est nominalement la couronne d'Angleterre, pratiquement le gouvernement anglais; 2° le pouvoir de légiférer du parlement colonial est limité par l'obligation de ne pas se mettre en contradiction avec les statuts généraux ou spéciaux émanant du Parlement britannique et applicables à la colonie. Je dis les statuts, car les Parlements coloniaux pourraient très bien voter des statuts en contradiction avec la *common law*, c'est-à-dire avec les coutumes et précédents légaux de la métropole; 3° le gouverneur, agissant au nom de la couronne, a *en titre*, — et le ministère anglais exerce *en fait* — un veto, soit formel, soit suspensif, sur les actes des législatures colo-

de ses colonies, Antigua, Saint-Dominique et Saint-Vincent. Elle leur a avancé trois millions de francs et, du même coup, elle a supprimé leurs assemblées; les trois îles sont redevenues des *Crown colonies*. Un sort analogue paraît réservé à la Trinité et à la Jamaïque, qui ont également réclamé le secours de l'Angleterre. Il est question d'augmenter dans leurs assemblées la part de l'élément officiel. Il n'y a que les Barbades qui échappent à cette disgrâce; — les Barbades ont traversé plus d'une épreuve, trouvé appui auprès de la métropole et chaque fois elles ont fait honneur à leurs affaires. Elles conserveront donc leur constitution intacte.

1. Loi de 1877 pour permettre aux colonies du Cap de se fédérer. Loi de 1885 constituant un Conseil fédéral pour l'Australasie (îles Fidji comprises), avec mission de régler les intérêts communs. La Nouvelle-Galles du Sud et la Nouvelle-Zélande s'en étaient d'abord tenues à l'écart (Martin, 940). Elles ont fini par se faire représenter à une conférence qui a élaboré un projet de constitution fédérale.

niales; et même après que le gouverneur a sanctionné une loi, le gouvernement de la métropole a deux ans pour la désavouer (Dicey). Mais le gouvernement anglais use de moins en moins de cette faculté et la règle est aujourd'hui que les colonies font toutes les lois qui leur conviennent, même des lois modificatrices de leur constitution, sans rencontrer d'opposition. On les laisse maîtresses chez elles. Il faut citer encore, pour être complet, les appels au comité judiciaire du Conseil privé, lesquels se font de plus en plus rares.

On a maintenant une espèce de plan ou diagramme de l'Empire britannique. On ne peut imaginer un ensemble plus varié et plus disparate. Tous les types intermédiaires entre le gouvernement arbitraire et le self-government, tous les degrés intermédiaires entre la colonie étroitement dépendante et l'État quasi souverain sont représentés. C'est comme un polypier dont les éléments intégrants sont inégalement soudés entre eux et à leur commun support, quelques-uns déjà détachés, comme les États-Unis, d'autres tendant à se détacher et ne tenant plus à la masse que par une gorge très amincie, d'autres adhérant encore à la souche mère et se nourrissant de sa sève.

II

Quelle destinée attend cette masse hétérogène? Il faut pour le savoir prendre de préférence les colonies les plus rapprochées du but vers lequel elles tendent toutes, les colonies parlementaires.

Il est remarquable que dans cet acheminement vers l'indépendance politique tous les pas décisifs sont des concessions arrachées à la faiblesse ou à la sagesse de la mère patrie. La plupart ont été faites après des rébellions ou des protestations contre le régime existant, à la suite d'actes ayant pour but d'entraver l'exercice des droits de la couronne. Ils trahissent la présence d'une personnalité nationale en état de croissance et déjà presque adulte.

Le tableau de la vie intérieure dans les colonies à gouvernement responsable confirme cette impression. Au Canada, et plus tard, au Cap, les Anglais se sont trouvés en présence de blancs civilisés qui différaient d'eux par la race, par la langue et la religion. Là, comme ailleurs, ils se sont montrés incapables de réduire ces différences et de s'assimiler graduellement des variétés ethniques qu'ils n'avaient pas la force de détruire. Les provinces de l'Amérique du Nord ont été peuplées à l'origine par des colons venus des établissements situés plus au sud; ce premier élément s'est ensuite grossi d'Anglais de la

Grande-Bretagne, d'Écossais, d'Irlandais, d'Allemands, de Suédois, et d'Islandais. C'est une population un peu mêlée et croisée. A côté d'elle, les Franco-Canadiens sont restés une masse homogène, fidèle à son idiome d'origine, attachée à ses croyances traditionnelles, protégée contre le mélange des sangs par la persistance des autorités religieuses à décourager les mariages mixtes, gardée des progrès de la science par les écoles confessionnelles et la prohibition de certains livres, si rapidement croissante par la simple natalité qu'elle déborde d'un côté sur la province anglaise d'Ontario, de l'autre sur les États de la nouvelle Angleterre, si active et si vivace que des colonies militaires de highlanders établies après la conquête dans certaines parties de la province en sont venues à ne plus savoir un mot d'anglais ou de celtique et n'ont plus que les noms de O'Neil ou de Fraser pour les distinguer des Français dont ils ont adopté la langue et les mœurs. Aujourd'hui leur nombre, qui dépasse 1,400,000 dans le Dominion et 700,000 aux Etats-Unis, les souvenirs des grandes luttes dont leurs libertés ont été le prix, leur entrée dans une fédération puissante dont ils forment la partie la plus consistante en ont fait une nation. Le vif sentiment d'une individualité à part, d'une destinée distincte pénètre désormais les fils de ces soixante mille colons que le traité de 1763 avait laissés à la merci du vainqueur.

De même au Cap, la population anglaise immigrée depuis la conquête est moins nombreuse que la population hollandaise issue des premiers occupants, et celle-ci l'est moins que la population indigène qu'elle avait d'ailleurs eu le temps de façonner. On a en vain essayé d'imposer par la loi l'usage de la langue anglaise et d'éliminer le néerlandais altéré que parlent les fils des anciens colons et les Cafres. L'idiome original a résisté à la compression et s'est trouvé de force à se faire admettre dans les tribunaux, dans le parlement, dans la presse, à côté de la langue des vainqueurs. Pareillement le droit régnant procède du droit romain hollandais; les habitudes de société sont hollandaises, la communion dominante est l'Église hollandaise réformée, les Boers sont restés, à bien des égards, ce qu'ils étaient au siècle dernier. Leur prodigieuse et volontaire ignorance et les instincts conservateurs qui en sont à la fois la cause et l'effet ont pu contribuer à les rendre réfractaires à la civilisation britannique. Quoi qu'il en soit, la différence de race perpétuée à travers plusieurs générations fournit, ici encore, la base large et stable d'une nationalité distincte.

Quant à l'Australie, elle n'a presque pas de population indigène et ses habitants sont en majorité des émigrants du Royaume-Uni, ou du moins des fils d'émigrants. On a fait, il est vrai, la remarque qu'à Victoria, par exemple, il y a beaucoup plus d'Écossais et d'Irlandais que d'Anglais. Fait plus grave, en 1886, les habitants nés sur le continent australien étaient aux Anglais comme 2 est à 1, et dans la Nouvelle-Galles du Sud, au dire de sir Henry Parkes, comme 4 est à 1. La masse blanche n'est donc pas très homogène. L'éloignement de la métropole, la divergence des intérêts, le contraste des habitudes de vie, l'ignorance des origines, l'insensibilité au charme du passé chez ces hommes que possède la fièvre du mouvement et du lucre, tout tend à créer une nation ou des nations distinctes pour qui le grand nom d'Angleterre n'est qu'un mot plus ou moins sonore, ses droits des prétentions surannées. Le lien qui les unit à elles n'est qu'une chaine lâche et détendue qui ne gêne en rien leurs mouvements et qu'il faudrait rompre le jour où elle pèserait si peu que ce soit sur les destinées de la colonie.

Le groupe que la langue officielle désigne sous le nom de West-Indies a montré de nos jours une singulière désaffection pour la métropole. Les Européens y comptent presque partout pour moins de 10 p. 100. Cet état de minorité décidée explique pourquoi du jour où les nègres furent émancipés on supprima les institutions représentatives en vigueur dans presque toutes les îles. On pouvait justement craindre que les maitres expropriés reprissent par la législation locale toute la substance des droits qu'on leur avait enlevés ou que les nègres, exerçant le même droit de suffrage que les blancs, devinssent les maitres de leurs anciens maitres. On ne vit pas de meilleure issue que de priver les uns comme les autres de toute action sur le gouvernement. Une autocratie bureaucratique fut alors jugée le moindre mal. Elle n'a pas suffi pour prévenir un état de souffrance et de mécontentement qui est commun à toutes les classes de la population. La situation des Indes-Occidentales est à certains égards lamentable. Une portion importante des plantations appartient à des marchands résidant à Londres ou dépend d'eux par des créances privilégiées que la loi fait passer avant tout autre droit, même hypothécaire. Nombre de propriétaires locaux ont été dépossédés, ou sont à la merci de leurs créanciers d'outre-mer, à ce point qu'ils ne peuvent vendre leurs denrées à d'autres et profiter d'offres plus avantageuses. Les nègres, esclaves du besoin de vivre, travaillent à gages sur les mêmes plantations qu'au temps de la servitude;

rien n'est changé pour eux et ils ne se sentent guère plus libres qu'avant l'émancipation. La difficulté d'établir et de percevoir des impôts à l'intérieur a obligé la fiscalité à tout attendre des taxes de douanes, et celles-ci frappent directement les matières alimentaires de première nécessité. Les classes laborieuses paient donc très cher une très maigre nourriture. Elles dépérissent physiquement et la population tend à diminuer. Le régime du libre-échange adopté par l'Angleterre a causé un dommage très sensible aux producteurs de sucre, en leur ôtant le marché privilégié où ils écoulaient leurs denrées. L'effet de toutes ces causes a été que l'opinion dans les Indes-Occidentales s'est tournée vers les États-Unis et qu'un certain nombre de colons ont cru voir un remède à leur détresse dans une réciprocité douanière qui ouvrirait aux sucres des iles le marché américain, aux produits américains le marché des iles, l'un et l'autre marché restant protégés par des droits considérables contre la concurrence [1]. Ce plan et les espérances qu'il a éveillées paraissent chimériques. Le développement progressif des plantations de cannes dans le sud des États-Unis ne pouvait manquer de réduire notablement les profits de ce Zollverein anti-britannique. Le fait qu'il ait pu être conçu et sérieusement proposé n'en est pas moins significatif. C'est l'indice que même dans ces petites iles où la protection de l'Angleterre est si indispensable pour la sécurité des colons, le sentiment de l'unité impériale est gravement atteint.

Le problème ardu qui s'est posé dans l'Inde devant les administrateurs anglais se résume en deux mots : faire vivre toute une population de 287 millions d'habitants, différente des nations européennes par les traditions, la religion, les mœurs, les préjugés, sous la loi de cent mille Anglais présents sur son territoire. La compagnie des Indes avait adopté un régime très simple, celui qu'on a appelé *anglo-indien*. Il consistait à tenir les indigènes à part, à éloigner d'eux, systématiquement, toute culture européenne, à les exclure de tout commandement dans l'armée, de toute place dans les conseils électifs, à en faire comme un large troupeau conduit par des fonctionnaires qui gardaient pour eux ce qui relève l'homme, ce qui signale le maître, ce qui le rend capable de commander. Le système aboutit à la révolte des cipayes. Ce fut assez pour le discré-

1. Pour donner satisfaction au désir de ses colonies des Indes-Occidentales, l'Angleterre vient de conclure en leur nom une série de traités de commerce avec les Etats-Unis.

diter et l'Angleterre entra décidément dans la voie inverse. La proclamation de lord Canning, en date du 1er novembre 1858, annonça que la compagnie cessait d'exister et que l'administration de l'Inde était transférée au gouvernement. Elle promettait le plus grand respect des coutumes indigènes et l'admissibilité des Hindous à un grand nombre de places. Cette proclamation devint comme la *grande charte* de l'Inde entière. Une bureaucratie puissante, sous le nom de *covenanted civil service*, entra alors en scène. Elle fit admirer son dévouement à l'État, son énergie, sa ténacité et son esprit pratique; elle devint l'organe efficace d'une administration progressive. Elle s'occupa des routes, des chemins de fer, des lignes de paquebots, de l'administration des forêts et de l'aménagement des eaux. Elle fit l'Inde prospère. Mais maintenue en rapports étroits avec la métropole par des congés fixés à l'avance, par la durée limitée de ses fonctions, elle ne se mêla aucunement à la masse gouvernée; elle garda quelque chose de bref, de sec et de hautain et resta, en définitive, plus profondément anglaise que sa devancière. Cependant deux institutions nouvellement organisées remuaient profondément l'âme des indigènes; par la communauté de l'éducation, par la liberté de la presse, l'Inde s'éveilla à une vie nouvelle. Les Hindous sont éminemment propres à s'assimiler par la mémoire le gros de la culture européenne sans se laisser gagner par le fond. Ils devinrent capables de disputer aux Anglais proprement dits les places dont l'accès est ouvert par un concours. Ils briguèrent et obtinrent les charges municipales, tous les emplois que la tolérance anglaise laissait à l'élection. En même temps la liberté de la presse permettait à l'opinion publique de se former, de se sentir, de se croire armée pour le combat. Toutes les questions qui se posent dans les colonies à large population européenne se dressent une à une devant les administrateurs anglais de l'Hindoustan. Qu'importe aux lettrés indigènes que les Anglais se montrent d'habiles et économes intendants de la fortune publique, de fermes conservateurs de l'ordre et de la paix? Tous ces biens matériels si précieux n'arrivent pas à combler le vide creusé par l'ambition de commander des troupes, de figurer dans un conseil élu, de siéger dans un tribunal ou dans le conseil du *viceroy*. Les Hindous accessibles à ces hautes ambitions ne sont qu'en petit nombre; ils n'en créent pas moins à l'Angleterre de sérieuses difficultés. ils sont d'ailleurs environnés d'une énorme masse d'hommes, prodigieusement incultes, qui n'ont ni le temps ni les moyens d'éliminer les préjugés les plus barbares d'une ancienne tradition. Ignorance et engourdissement absolu d'un côté, développement intellectuel anormal et activité disproportionnée de l'autre : voilà par où se caractérise la société hindoue; elle ressemble, *mutatis mutandis*, à la société russe, par l'absence d'une classe moyenne servant de lien entre deux extrêmes trop éloignés; comme on l'a dit judicieusement, les Anglais sont obligés alternativement de régler leur montre sur deux longitudes différentes.

C'est pourquoi l'Angleterre, sans rien perdre de l'énergie qu'elle dépense dans sa tutelle administrative de l'Hindoustan, a déjà montré, par des signes, qu'elle ne croit pas cette tutelle indéfiniment durable, sous la forme impérieuse et tendue qu'elle lui a donnée jusqu'à présent. Elle recule lentement et sur toute la ligne. Plusieurs faits récents l'attestent: l'Angleterre, on le sait, était toujours prête à confisquer ou à s'annexer, sous la forme d'une province conquise ou d'un protectorat, les principautés indigènes. A Baroda, le trône était vacant à la suite d'une trahison; rien de plus facile que de confisquer la principauté au profit du gouvernement de l'Inde. Solution inattendue : on a trouvé un héritier et on a placé près de lui, pendant sa longue minorité, un ministre indigène. A Mysore l'administration britannique avait duré plus de cinquante ans. Il semblait naturel de la maintenir. On a cependant restauré le rajah héréditaire et le personnel anglais a été remplacé par un personnel indigène. C'est la première fois que la ligne rouge recule pour faire place à une royauté indépendante. Ce qui est plus curieux encore, c'est de voir dans l'Inde les droits protecteurs tendre à succéder à la longue série des mesures libérales qui de 1864 à 1882 ont affranchi de droits d'entrée les marchandises sauf le sel, les spiritueux, les armes et les munitions. L'Angleterre ne s'attendait à un pareil traitement que de la part de ses colonies à gouvernement libre. Il y a deux ans environ le commerce de Manchester s'émut profondément d'un droit d'entrée établi sur les cotonnades à la frontière de l'Hindoustan; il ne put en obtenir le rappel, mais, à sa demande, un droit d'excise frappa les mêmes marchandises à l'intérieur de l'Inde. N'est-ce pas un curieux paradoxe qu'un pays gouverné autocratiquement par la couronne frappe d'un droit de douane des marchandises anglaises? Plus récemment le conseil législatif de l'Inde a pris le parti de mettre un droit sur le sucre provenant des pays qui accordent une prime à la fabrication; c'était apparemment sous la pression occulte de M. Chamberlain; cet homme d'Etat créait ainsi sans bruit un précédent qu'il croyait facile de transporter des Indes en Angleterre à la première occasion favorable ; à ce propos le *Times* déclinait l'intervention des politiciens parlementaires : « Tant qu'il s'agit d'affaires locales, il faut, disait-il, laisser agir librement les gens qui ont une connaissance intime de la matière. On ne doit pas traiter l'Inde d'autre façon que les colonies qui ont un gouvernement responsable. » En somme l'Angleterre, sans se presser, sans hâter les événements, semble se conduire comme si elle prévoyait qu'un jour l'Inde se séparera d'elle ; doucement et longuement elle y prépare les indigènes ; elle se connaît trop bien pour chercher à se les concilier, elle n'y réussirait pas ; elle cède à la pression des circonstances, à la fatalité des faits et l'Hindoustan ne lui en sait aucun gré. Le jour où la domination britannique disparaîtra dans l'Inde un soupir de soulagement soulèvera toutes les poitrines, et la presse, avec ses mille voix, le fera retentir comme un cri de délivrance.

III

Ces nations, du moins les trois principales, se sont l'une après l'autre et graduellement détachées de l'Angleterre. Il est intéressant de suivre le progrès de cette désintégration.

Considérons le *Dominion* canadien.

Même avant l'avènement de Victoria, le Canada était séparé en deux provinces qui possédaient chacune depuis près de cinquante ans (1791) la condition essentielle du système représentatif : une chambre élue. La révolte de 1840 est à peine réprimée qu'une loi réparatrice accouple les deux Canadas et pose le principe d'un gouvernement responsable devant la chambre élective ; mais ce n'est guère que de 1846 à 1851 que le gouvernement parlementaire avec responsabité des ministres s'établit pratiquement dans les provinces nord-américaines. En 1865 l'Angleterre retire ses troupes et en donne pour raison qu'une nation n'est pas libre tant qu'elle n'est pas en état de se défendre elle-même. Il n'y a plus aujourd'hui un seul soldat anglais sur le continent américain. En 1848 on abandonne au gouvernement colonial la nomination aux fonctions de l'administration civile ; en 1850 on lui transfère les postes. En 1853 on met à la disposition du Parlement canadien les réserves territoriales destinées à l'entretien du clergé. Une force morale considérable est ainsi retirée à l'État. C'est un *désétablissement* de l'Église anglicane, fait d'autant plus significatif qu'à côté de cette communion, réduite à vivre de souscriptions volontaires, la hiérarchie catholique canadienne a presque les prérogatives et la conscience d'une Église d'État. L'acte organique de 1774, encore en vigueur à cet égard, l'a investie du droit de lever la dîme sur les individus nés catholiques, et ceux-ci ne peuvent s'y soustraire que par leur profession déclarée d'une autre croyance. Elle a aussi le droit de les taxer au profit des « fabriques ». En 1867, les quatre provinces principales nord-américaines : les deux Canadas, le Nouveau-Brunswick, la Nouvelle-Écosse sont constituées en fédération, avec un parlement central et des législatures subordonnées. La guerre civile américaine avait donné à penser au gouvernement anglais; il avait senti la nécessité de créer une résistance aux tendances annexionnistes dans ces provinces; il leur avait donné, avec l'avenir d'un grand État, une haute conscience nationale et depuis cette époque, l'île du Prince-Édouard, la Colombie Britannique, le Manitoba ont été admis dans l'Union avec des institutions analogues.

L'histoire de l'Australie et celle du Cap sont en substance celle du Canada. La seule différence est que l'évolution politique commence plus tard et qu'elle a un moindre nombre d'étapes.

De 1840 à 1855, les colonies australiennes ne cessent pas de revendiquer avec vivacité un régime de *self government*. Dès 1840, les Australiens avaient montré la consistance d'une nation en refusant de recevoir à Sidney (en Tasmanie à partir de 1846) les *convicts* de la métropole. La Nouvelle-Galles du Sud avait reçu en 1842 un commencement d'institutions représentatives. En 1850 les six provinces australiennes sont pourvues d'un conseil législatif à l'image de celui de la Nouvelle-Galles du Sud et la loi les autorise à élaborer elles-mêmes leurs constitutions. En 1855 les textes constitutionnels reçoivent la sanction royale. Tous établissent deux Chambres, l'une et l'autre élective, sauf en Nouvelle-Galles du Sud, où la chambre haute, dite Conseil législatif, est composée de membres nommés à vie. Avec le *self government*, les colonies acquièrent le domaine éminent et la disposition des terres publiques. C'est un droit régalien, une portion de la prérogative que la couronne leur concède. En 1885, un pas est fait dans le sens de l'union intercoloniale : un conseil fédéral est créé pour débattre les intérêts communs; il embrasse les îles Fidji; mais bien qu'il n'ait qu'un pouvoir délibératif, la Nouvelle-Galles du Sud et la Nouvelle-Zélande refusent de s'y faire représenter. En 1891, une convention où siégeaient des délégués de toutes les colonies a élaboré un projet de constitution fédérale. Ce projet, plusieurs fois amendé, plusieurs fois soumis à la ratification des parties intéressées, a fini par réunir les votes de presque tous les états australiens : Victoria, Tasmanie, South Australia, Nouvelle-Galles du Sud (la Nouvelle-Zélande restant à part); le Queensland, après beaucoup d'hésitation, sembla devoir s'y rallier. Il avait été convenu sur la proposition de M. Reed, premier ministre à Sidney, que la constitution proposée devrait réunir d'abord le vote des parlements, puis un certain nombre de voix populaires. Cette seconde condition n'ayant pas été remplie pour la Nouvelle-Galles du Sud, le projet tomba. Il fut repris aussitôt dans une conférence des six premiers ministres, et la Nouvelle-Galles du Sud offrit de consommer elle-même les deux votes nécessaires avant que les autres coloniès fussent saisies du texte constitutionnel. Il n'est donc pas impossible que la fédération australienne soit un fait accompli d'ici à quelques semaines. Mais il faudrait un singulier optimisme pour se figurer que l'Australie fédérée sera plus disposée à entendre les propositions de la Grande-Bretagne que ne l'ont été jusqu'ici les six États séparés. La puissance considérable qui verra six étoiles sur son drapeau aura moins besoin de l'Angleterre, comptera davantage sur elle-même, elle aura plus de penchant que jamais à chercher dans les droits de douane les revenus dont elle a besoin, car les droits d'excise paraîtront aux sujets des différentes colonies un empiètement sur leur gouvernement propre et sur leurs libertés. Enfin il est à présumer que le gouverneur tombera dans un état d'impuissance et de nullité dont le passé des colonies ne nous donne pas l'idée.

Le Cap a été plus tardif encore. En 1841 ses habitants pétitionnaient pour obtenir un gouvernement représentatif. Dès 1849 ils font voir qu'ils ont conscience d'être une société régulière en s'opposant au débarquement d'un convoi de déportés à Cape-Town. Immédiatement le cabinet anglais autorise la formation d'un conseil constituant. Celui-ci élabore une constitution selon la forme usitée, c'est-à-dire deux chambres, toutes deux électives, mais le gouverneur et ses conseillers ne sont pas rendus responsables devant la législature; c'est le régime représentatif, ce n'est pas encore le gouvernement libre. Le Cap n'a obtenu ce complément essentiel qu'en 1872, après s'être montré disposé à prendre la charge de la défense de ses côtes. Comme aux autres colonies libres, la couronne lui avait fait abandon, en 1853, de ses droits sur les terres publiques. Un arrêt judiciaire a déclaré sans validité ni sanction les droits et privilèges de l'Église anglicane, qui n'ont d'autre autorité qu'un « act » de la couronne. L'Église établie est tombée par là dans la condition d'une Église libre et l'effet de cette décision a été étendue depuis à toutes les parties de l'empire colonial. Il n'y a plus aux colonies que des communions religieuses volontaires.

IV

Quelle a été, quelle est aujourd'hui l'attitude de l'Angleterre à l'égard de ses colonies?

Jadis elle les considérait non pas seulement comme un marché pour les produits de son industrie, mais comme un déversoir pour le trop plein de ses prisons et de ses *workhouses*. Les *convicts* étaient transportés en Australie et au Cap, les indigents au Canada. La métropole s'assainissait en rejetant sur ces terres lointaines les éléments usés ou gâtés du corps social. Lorsque les colonies eurent passé au rang de sociétés constituées et commencèrent à se recruter largement par l'émigration volontaire, elles refusèrent de recevoir ces apports impurs. La transportation a cessé en New South Wales dès 1840. Elle a pris fin en Tasmanie en 1846, en Western Australia, en 1853. Au Cap la population s'étant opposée en 1850 au débarquement d'un convoi, aucun convict n'a été depuis lors dirigé sur la colonie sud-africaine. Pareillement le Canada répugne à recevoir l'émigration pauvre, sauf celle des enfants. Les colonies ne remplissent donc plus à l'égard de la mère patrie l'office d'exutoire.

Un autre fait non moins capital a transformé les rapports de l'Angleterre avec ses colonies. On sait en quoi consistait l'ancien régime colonial. Les colonies jouissaient d'un régime de faveur dans les ports anglais pour l'écoulement de leurs produits agricoles, forestiers ou miniers; par compensation, elles ne pouvaient consommer d'autres produits fabriqués que ceux de la métropole, et il leur était interdit d'établir des manufactures similaires sur leur territoire. Cette combinaison de privilèges et de servitudes parut d'abord très tolérable pour des sociétés naissantes qui avaient assez à faire de mettre en valeur les richesses naturelles de leur sol. Mais cette vie économique incomplète, non plus que la tutelle étroite qui était la condition du régime, ne pouvaient convenir indéfiniment aux plus progressives de ces communautés. L'heure vint où elles le firent entendre à l'Angleterre, et celle-ci, avertie par l'exemple des États-Unis, éclairée par les saines doctrines économiques, consentit à résilier un contrat qui n'était plus du goût ni à l'avantage d'aucun des contractants. Depuis le milieu du siècle environ, l'Angleterre ne connaît plus en substance de tarifs différentiels en faveur des colonies.

D'autre part, le premier usage que firent les colonies de leur autonomie commerciale fut de s'entourer d'une ceinture de douanes; c'était à la fois, pour une communauté à ses débuts, le plus simple et le plus sûr moyen de se procurer des ressources, et comme les colonies avaient recours à l'Angleterre pour tout ce qu'elles ne produisaient pas, ces droits de douane se trouvèrent frapper principalement les marchandises anglaises. Les possessions d'outre-mer à gouvernement libre n'eurent même plus, pour se recommander, l'intérêt d'être pour le Royaume-Uni un marché ouvert, un libre champ de consommation.

A partir du moment où les Anglais eurent reconnu l'impossibilité d'exploiter les colonies à leur bénéfice, ils devinrent, en gens pratiques qu'ils étaient, profondément indifférents aux questions coloniales. Cela était sensible dès le commencement du règne de Victoria, dans toutes les délibérations parlementaires dont ces questions fournissaient l'ordre du jour. Un débat sur l'Inde ou sur les colonies passait pour vider la salle. On s'en rapportait au secrétaire d'État spécial, et celui-ci, exempté par la commune insouciance de toute responsabilité effective, n'était guère moins détaché que les autres. Il décidait de haut sans prendre la peine de se renseigner. « C'était le gouvernement par le mal informé avec responsabilité devant l'ignorant » (mot de Sir W. Molesworth). La *Société coloniale* qui entreprit d'attirer l'attention sur les colonies et d'obtenir pour elles des libertés, finit par atteindre cette seconde fin, sans avoir le moins du monde approché de la première.

Dès que les colonies devenues autonomes eurent fait sentir à l'Angleterre que commercialement elle était à leurs yeux comme un État étranger, la pensée germa chez beaucoup d'Anglais européens que le meilleur parti à prendre était de se débarrasser d'elles. La séparation était à l'ordre du jour entre 1860 et 1870. Quiconque lit aujourd'hui le livre de Seeley sur l'expansion de l'Angleterre a quelque peine à se figurer qu'il y a trente ans une forte minorité, sinon la majorité, du parti libéral ne se fût pas fait scrupule d'abandonner ces immenses possessions, et de renoncer aux résultats d'une politique deux fois séculaire, prix de tant d'efforts, de tant de génie et de tant de sang versé.

Ce détachement s'explique. Les difficultés, les dangers et les charges que la possession de cet énorme empire impose à l'État sont immédiats, effectifs; les avantages sont indirects et plusieurs sont d'ordre sentimental. Qui peut méconnaître que ces territoires semés dans toutes les parties du monde, et teintés d'une couleur spéciale sur la carte, ne soient presque tous autant de surfaces vulnérables? L'Inde est un endroit découvert du côté de la Russie. Le Dominion du Canada étend sa frontière indéfendable le long des États-Unis. Pour assurer la communication avec l'Inde il a fallu occuper l'Égypte; cette occupation a créé à l'Angleterre des chances de guerre du côté du Soudan, en même temps que des difficultés avec la Turquie, la France et l'Europe. Presque toutes les possessions africaines sont bordées par des lignes de possessions allemandes ou françaises ou portugaises et prêtent à des complications graves. Gibraltar et sa garnison britannique sont un grief toujours vivant pour l'Espagne. Des forces navales immenses doivent être entretenues à grands frais pour la protection de tous ces domaines coloniaux. L'Angleterre était dispensée par sa situation insulaire d'un de ces coûteux établissements militaires qui pèsent si lourdement sur le budget des États continentaux; elle a assumé, d'elle-même, une charge non moins pesante par le prodigieux développement de ses frontières maritimes. Elle a multiplié à plaisir les cas de mitoyenneté et les occasions de litige que la force peut être appelée à résoudre. Elle s'est mise dans la nécessité d'être aussi formidable sur mer que l'Allemagne et la France le sont sur terre. Les complications à craindre sont d'autant plus nombreuses et d'autant plus ingrates qu'il ne dépend pas de l'Angleterre seule de les écarter ou de les faire naître. Les colonies à gouvernement libre ne se font pas scrupule de commettre des actes dont elles renvoient la responsabilité à la métropole ou de violer les engagements pris par le gouvernement britannique pour toutes les terres anglaises. On se rappelle qu'après la guerre de sécession les réclamations des États-Unis étaient fondées en partie sur ce que les autorités de Melbourne avaient permis au *Shenandoah* de se radouber dans leur port. Les arbitres adoptèrent cette manière de voir, mais ce fut l'Angleterre qui en paya les conséquences. On verra comment le Queensland, dans l'affaire des *coolies*, et Terre-Neuve, dans l'affaire du *bait*, ont donné à la Chine et à la France l'occasion de justes réclamations. Le jour viendra où l'Angleterre, fatiguée des responsabilités qui lui incombent, laissera aux colonies la charge de conclure séparément des arrangements avec les puissances étrangères et se désintéressera de la façon dont elles entendent la fidélité à un traité formel. Le dernier lien des colonies avec la métropole sera alors dénoué.

C'est une opération vraiment complexe que de faire la somme des dépenses dont la possession des colonies a été la cause ou l'occasion pour l'État britannique : appareil de défense à entretenir, guerres à faire, rébellions à comprimer. On trouverait apparemment qu'une grande partie de la dette et des charges annuelles doivent être classées dans ce chapitre. La contre-partie est que la nation s'est enrichie. Les commerçants et les manufacturiers anglais ont trouvé dans ces immenses surfaces un marché presque illimité et des moyens de lucre qui ont fait affluer les capitaux en Angleterre, et plus que compensé le découvert du trésor. On voit toutefois que ce déplacement de la richesse s'est fait exactement comme c'est le cas sous un régime de protection. Tout le monde a payé les dépenses coloniales et ce sont quelques particuliers entreprenants, marchands ou industriels, qui en ont encaissé le profit. Cette distribution partiale des dividendes n'a rien après tout qui puisse en faire un grief. C'est une prime offerte, non à l'inertie improgressive, comme certains droits protecteurs, mais à l'activité, à la sagacité, à la ténacité humaine, qualités précieuses qui sont l'honneur de la nation et la force de l'État. Il est légitime que tout le monde paie pour les entretenir et les fortifier. Ajoutez que l'orgueilleuse satisfaction que tout Anglais ressent à savoir ou à croire que sa nation est la plus puissante, la plus riche et la plus glorieuse du monde, vaut bien pour lui ce qu'il a pu payer au-delà de sa part virile. Ce sentiment a donné naissance à un mouvement d'une force et d'une intensité inattendues, qui a remué les couches les plus profondes du peuple anglais : c'est ce qu'on a appelé l'*impérialisme*.

V

La première semence de l'impérialisme a été jetée en terre par sir Ch. Dilke en 1868, au moment même où les doctrines contraires semblaient prévaloir. L'idée maîtresse de son livre était contenue dans le titre de *Greater Britain*, qui est resté l'expression courante pour désigner une plus ample conception de l'Empire britannique. En 1875 sir Ch. Dilke ajoutait deux chapitres à son ouvrage. En 1890 il en publiait un entièrement nouveau à la suite d'un voyage d'études dans les possessions anglaises d'outre mer. Huit ans auparavant, Seeley donnait au public ses conférences sur *the expansion of England*, où il prend à tâche d'expliquer par des mobiles et des ambitions coloniales toutes les grandes guerres du XVIIIe siècle et même la lutte épique entreprise par l'Angleterre contre Napoléon. La vérité est que la France, principal adversaire de l'Angleterre, ne prenait pas grand souci des colonies et que le jugement, faussement attribué à Voltaire, sur les quelques arpents de neige du Canada, était au fond celui de la nation entière. Seeley a étendu à toutes les parties intéressées, à tous les pouvoirs en conflit, des calculs et des intérêts qui étaient sans doute partiellement ceux de l'Angleterre, mais bien moins qu'il ne le fait entendre.

Quoi qu'il en soit, la décade 1880-1890 nous montre l'Angleterre animée d'une activité, et poursuivant des fins qui sont le contraire de ce que la décade 1860-1870 nous faisait pressentir. Le pays a pour ainsi dire changé d'âme; il se livre avec ardeur tant aux entreprises fructueuses qu'aux tentatives prématurées, aux chimères à jamais inconsistantes de l'impérialisme.

Les entreprises fructueuses sont les grandes compagnies à charte et l'immense réseau de lignes sous-marines. C'est après 1880 que les compagnies à charte, tombées en discrédit depuis la dépossession de la compagnie des Indes par l'État en 1858, se reconstituent en se multipliant. L'année 1881 est la date d'une charte concédée à la *British North Borneo Company*, et l'année 1889 celle d'une charte concédée à la *South African Company*. Dans l'intervalle s'échelonnent les chartes de la *Royal Niger Company*, de l'*Imperial British East African Company*. Ces puissantes sociétés pourvues de la majorité des droits régaliens, possédant une armée, une justice, le domaine éminent des terres, n'ont généralement distribué à leurs actionnaires que de très médiocres dividendes. Elles montrent d'ailleurs d'autant plus d'audace qu'elles sont sujettes à être désavouées par la mère patrie, et elles mettent leur honneur à lui présenter le plus grand nombre possible de résultats bien ou mal acquis entre lesquels un choix peut être fait. Que l'Angleterre retienne les uns en laissant tomber les autres, suivant les circonstances, elles ne s'en étonnent point. Elles ne font point de difficulté pour disparaître lorsque le moment est venu où le gouvernement peut prendre leur place avec quelque avantage. Elles sont aidées dans leur politique par la nouvelle théorie de l'hinterland; cette théorie reconnaît le droit éventuel de chaque puissance sur certains territoires intérieurs placés derrière la colonie, sans qu'il soit nécessaire qu'une occupation effective ou des traités l'aient mise en possession de ces territoires.

Une autre organisation plus durable est celle des lignes télégraphiques transocéaniennes. Qui pourrait oublier que l'Angleterre s'est montrée d'abord décidément hostile aux câbles sous-marins, et que Stephenson tournait en dérision la première entreprise qui réussit, après maintes épreuves, à gagner l'Amérique et à y atterrir? C'est la même nation qui possède aujourd'hui, et qui est seule à posséder, des lignes télégraphiques reliant toutes les plages du nouveau monde à l'ancien. C'est à elle que la France devrait s'adresser pour se mettre en communication soit avec Saint-Louis, soit avec Madagascar, soit avec Djibouti, soit avec le Tonkin; et la majeure partie de ces câbles a été achevée pendant les vingt dernières années.

Les 250,000 kilomètres de lignes trans-océaniennes appartenant à l'Angleterre sont exploités par de grandes sociétés qui se divisent en trois groupes principaux :

I. — Groupe de l'Amérique du Nord, comprenant :

L'*Anglo-American Telegraph*, qui a quatre câbles, dont l'un atterrit à Brest.

Le *Direct United States Telegraph.*

II. — Groupe de l'Amérique du Sud, comprenant :

Le *Brazilian Submarine Telegraph.*

Le *Western and Brazilian Telegraph.*

III. — Groupe de l'Orient et de l'Extrême-Orient, de beaucoup le plus important, qui comprend :

L'*Eastern Telegraph Company* partant de *Cornwall*, allant à *Lisbonne*, traversant la *Méditerranée*, la *mer Rouge*, pour aboutir à *Aden*. Là, bifurcation : une ligne part sur *Bombay*, *Madras*, *Hong-Kong*, et de *Hong-Kong*, sous le nom de *Eastern Extension Australia and China Telegraph* se dirige, d'une part sur l'*Australie* et la *Nouvelle-Zélande*, de l'autre sur la *Chine*. — Une seconde ligne part de *Aden* sous le nom de *Eastern and South African Telegraph*, et va au *Cap*, en passant par *Zanzibar*, *Mozambique*, *Delagoa Bay* et *Durban*.

La côte ouest de l'Afrique est desservie par l'importante ligne du *West African Telegraph* qui part de *Lisbonne*, passe, entre autres stations, aux îles *Madère*, à *Saint-Vincent*, à *Saint-Louis* (France), à *Bissao*, à *Konakry* et *Porto-Novo* (France), à *Saint-Thomé*, à *Saint-Paul de Loanda*, à *Benguela*, à *Mossamades* et aboutit enfin au *Cap*.

A côté de ces puissantes compagnies, nous trouvons un assez grand nombre (une quinzaine environ) de compagnies anglaises de moindre importance.

Comme les câbles sous-marins français sont peu de chose, comparés à cet immense réseau! A travers l'Atlantique, entre la *France* et les *États-Unis* nous n'avons qu'une seule ligne télégraphique; nous allons en avoir deux. Nous possédons un câble entre les *Antilles* et l'*Amérique du Sud*; enfin dans la Méditerranée sont immergés les câbles reliant *Marseille* à *Oran*, *Alger* et *Tunis*. Quelle infériorité en cas de guerre!

Voilà les entreprises vraiment fructueuses dont on peut faire honneur à l'impérialisme. Elles sont contemporaines de ce grand mouvement; elles en procèdent et elles ont ensuite contribué à le fortifier. Mais ce ne sont pas les seules créations qui en soient sorties. Il y en a d'autres qui ne méritent pas moins d'être examinées.

Vers le milieu de la décade de 1880-1890 apparaissent deux sociétés, l'*Imperial Federation League* et l'*Empire Trade League*, qui expriment nettement la double tendance de l'esprit anglais : la tendance idéale et mystique dans l'*Imperial Federation League*; la tendance intéressée, positive et même terre à terre dans l'*Empire Trade League*. Ainsi, dès la première heure, le contraste se marque nettement, l'opposition des vues se déclare entre les deux sociétés; toutes deux doivent être reçues par le premier ministre, mais la seconde prend la précaution de faire dire à lord Salisbury qu'il fera mieux de ne pas trop s'engager avec la première. Ainsi, dès le commencement, le jeu est au complet et l'année 1887 nous montre affrontées et en conflit les deux forces qui jusqu'au moment présent se sont partagé l'Angleterre.

Dès cette époque, les partisans de la Fédération avaient réussi à écarter toute idée de séparation, sinon à créer un vif désir d'union plus étroite. Ils prirent occasion de la curiosité et de l'intérêt qu'avaient excités le Jubilé et l'Exposition Coloniale et Indienne. Ils organisèrent sur la place tiède encore, et sans aucune intermission, comme s'ils eussent craint de laisser dissiper cette chaleur d'un instant, un *Imperial Institute of the colonies and India* qui ne fit d'abord que languir sous la présidence du prince de Galles. C'est le 13 novembre 1886 qu'eut lieu à Mansion House la première réunion des membres fondateurs. Des conférences commencèrent d'autre part avec les agents coloniaux résidant à Londres; elles furent conduites des deux côtés avec une parfaite bonne grâce. Mais ces agents n'eurent pas l'idée, pas plus que les membres anglais n'eurent garde, de mettre en avant aucune proposition introductive d'un rattachement fédératif. Lord Rosebery parlant le 16 novembre 1887 devant une branche écossaise de la Ligue de fédération impériale déclara qu'une proposition à cette fin, émanant d'un Anglais, serait envisagée par les colonies comme un retour de ce même esprit de domination qui jadis fit perdre à la métropole les provinces nord-américaines. Il ajouta qu'aucun plan d'union n'avait chance d'être accueilli, à moins que les agents coloniaux eux-mêmes n'en prissent l'initiative.

Une humeur si défiante et une susceptibilité si irritable n'étaient pas faites pour rendre facile la tâche la plus haute commise à l'institut colonial : créer l'unité fédérative. La liste des sujets traités dans les conférences indique qu'ils avaient renoncé à tant prétendre et qu'ils s'attardaient prudemment à des objets plus humbles. Les sujets d'outre mer demandaient que le titre de la reine contînt mention des colonies : c'est un acte de courtoisie qui ne coûtait rien à l'autonomie coloniale. La condition des îles du Pacifique, l'amélioration des lignes télégraphiques, l'abaissement du tarif postal, les lois sur les brevets, donnèrent lieu à un examen plus sérieux ; ce sont là, d'ailleurs, de pures questions d'affaires ou des sujets courants de droit international conventionnel. Le droit pour les colonies de négocier séparément et de conclure par leurs propres agents des traités avec les puissances étrangères, fut longuement débattu. Le Canada avait cette question fort à cœur. Voilà une aspiration qui n'est guère dans le sens d'une fusion ou d'un rapprochement politique. La discussion sur la défense des colonies aboutit à un plan qui depuis a été soumis aux législatures australiennes et a pris corps dans l'*Imperial defence act* de 1888 : entretien d'une escadre à frais communs, l'Angleterre supportant les dépenses de premier établissement et les colonies lui payant 5 pour 100 d'intérêt. Encore insistèrent-elles sur l'obligation de laisser constamment les vaisseaux dans les eaux australiennes, quelque tour que prissent les événements. Quant aux lois sur le mariage du veuf avec sa belle-sœur, les délégués se plaignaient avec vivacité que les héritiers issus de ces mariages dans les colonies qui en reconnaissaient la validité ne pussent recueillir les immeubles situés en Angleterre. A quoi le représentant du gouvernement de la reine répondait : « Vous devez nous laisser libres d'avoir nos lois comme vous avez les vôtres ». Rien de tout cela ne faisait pressentir que la conscience fédérative fût près de se dégager. Au reste, le bruit interminable que les journaux firent autour des voyages entrepris par les *cricketers* australiens en Angleterre et anglais en Australie trahissait leur indigence en faits significatifs et de quelque portée, témoignant d'un sérieux désir d'union. De même on parla avec grande ostentation du contingent de troupes envoyé par les Australiens dans le Soudan; ce qu'on ne put ajouter, c'est que la réaction ne s'était pas fait attendre, que sir Henry Parkes devait une grande partie de sa popularité à ce qu'il avait combattu en son temps la mesure, et que le nom de *Soudan men* appliqué avec une intention injurieuse aux gens qui avaient conseillé de venir en aide à l'Angleterre, leur restait encore à l'époque où sir Ch. Dilke visita pour la seconde fois les colonies océaniennes. De même, lorsque sir Samuel Griffith, premier de Queensland, reparut en Australie, apportant avec les idées d'union et les expédients qui avaient défrayé les délibérations de la conférence coloniale, le texte du bill sur la défense maritime, un parti, dit national, se forma contre lui; on lui jeta au visage qu'il avait consenti à un « tribut naval » payable par son pays à un pays *étranger*; le bill soumis au vote populaire fut rejeté, et le ministère tomba, entraîné par l'impopularité de son chef.

Ce qui s'est passé pour Terre-Neuve accuse nettement les difficultés que rencontre la métropole lorsqu'elle croit devoir résister, au nom des traités, aux résolutions intéressées de ses colonies, ou lorsque au contraire elle donne à ces résolutions un assentiment trop empressé, sans s'être assurée qu'une autre colonie n'a pas d'intérêt engagé dans la question. Aux environs de 1887 le Parlement de Saint-Jean avait voté un bill imposant des restrictions sur la vente du « bait ». Ce bill n'était général qu'en apparence. Il était dirigé contre les Français et mettait à néant les droits qui leur avaient été de tous temps reconnus; la France se plaignit et l'Angleterre se trouva réduite au rôle ingrat de recommander à une colonie le respect d'un traité répudié par le sentiment national. Ces difficultés durent encore. Mais les Français ne sont pas les seuls qui furent atteints par les résolutions du Parlement colonial. Quelque temps après, l'Angleterre consentit à ce que son ambassadeur assistât et prît part à une conférence entre Terre-Neuve et les États-Unis et signât la convention qui intervint entre les deux partis. Là-dessus grand émoi au Canada; démarches auprès de l'Angleterre, laquelle consent à ce qu'il ne soit pas donné suite au traité. Grande colère de Terre-Neuve. Le Parlement de Saint-Jean cherche les moyens d'être désagréable au Canada. Il le trouve dans le « Bait bill »; il en applique les dispositions aux pêcheurs canadiens, tandis qu'il laisse les pêcheurs américains tranquilles. Le Canada ainsi traité se dispense de publier la proclamation par laquelle chaque année il exemptait les poissons de Terre-Neuve des droits établis sur tous les poissons de l'étranger. Ce qu'il y a de remarquable en tout ceci, c'est d'une part le cynisme et l'acerbité du conflit entre les colonies, leur incapacité de concevoir une autre règle que leur intérêt personnel; d'autre part l'attitude gauche et empruntée de l'Angleterre vis-à-vis des gouvernements qu'elle a faits libres. Elle ne réussit pas à les convaincre, elle ne sait ni leur céder ni leur résister.

Plus récemment, elle a rencontré à l'autre bout de son empire des mesures prises en violation des traités conclus par la métropole avec la Chine pour l'admission des *coolies* en terre britannique. Le Queensland s'est nettement refusé à permettre l'introduction de cette forme de travail à bon marché, qui faisait concurrence à sa propre main-d'œuvre, et abaissait le *standard of living* de ses ouvriers. Là encore l'Angleterre s'est montrée singulièrement impuissante à prévenir les effets de la loi et à maintenir intact son régime conventionnel.

Les conférences d'Ottawa (juin 1894) témoignent non moins clairement des dispositions qui animent le Canada, l'Australasie et le Cap à l'égard de la métropole. Ces conférences étaient intercoloniales, bien qu'un représentant de l'Angleterre y assistât à titre officieux. On y discuta diverses questions qui intéressaient l'Australasie et le Canada. Après quoi le délégué du Cap prit la parole et dit à peu près ceci : « Quand deux colonies autonomes signent entre elles un traité ou un arrangement, il est naturel qu'elles invitent la métropole à y donner son assentiment, mais si cet assentiment est refusé, il est naturel qu'elles s'en passent ». On réclama à cette occasion pour l'Australasie le droit, qu'avaient déjà le Cap et le Canada, de signer avec les autres colonies autonomes des conventions en dehors de la métropole. En somme les colonies laissèrent voir en cette occasion le propos délibéré de ne consulter que leur intérêt et de ne rien concéder aux convenances particulières de la métropole.

VI

Transportons-nous maintenant dans le présent et voyons ce qui est advenu de cette forme d'impérialisme qui consiste dans une entente avec les colonies autonomes. Sir Ch. Dilke a examiné et épuisé la question dans un article récent; il constate qu'il y a trois types auxquels peut se ramener l'impérialisme. Le type constitutionnel, le type commercial ne sont pas plus acceptables pour les colonies que pour la métropole; le type militaire se présente seul avec quelques-uns des caractères d'une mesure pratique. Ces conclusions étaient évidentes pour tout esprit réfléchi. Ce n'en est pas moins un fait grave que l'initiateur du mouvement impérialiste, l'inventeur du mot de *Greater Britain* s'y rallie ouvertement et sans restriction. Les formes du type constitutionnel se ramènent toutes à celles d'un parlement impérial où siègent les délégués des colonies à gouvernement libre. Comment seront répartis les délégués? En raison de la population sans doute. Les onze millions des colonies autonomes seraient représentés dans le Parlement anglais par 180 membres auprès des 495 de l'Angleterre, des 103 de l'Irlande, des 72 de l'Écosse. Leur nombre s'augmenterait rapidement et atteindrait en dix ans, suivant le taux actuel de l'accroissement de la population, le chiffre de 250 environ. Quelles sont les affaires qui ressortissent à ce Parlement impérial? Je ne vois guère que les affaires étrangères et le commerce qui lui appartiennent naturellement. L'Angleterre admettra-t-elle jamais que des délégués des antipodes, étrangers aux souvenirs de son passé et à ses intérêts présents, soient faits juges pour partie de sa conduite dans les conflits européens où elle se trouverait engagée? D'autre part des colons semés à des milliers de lieues de la mère patrie se laisseront-ils volontiers entrainer par l'orgueil de la mère patrie dans ces mêmes conflits européens contre lesquels ils sont abrités par la distance et qui bouleversent notre hémisphère sans que leur repos en soit troublé? Enfin, des colonies, seules maîtresses d'élever ou d'abaisser leurs droits de douane, accepteront-elles qu'une majorité anglaise intervienne, si peu que ce soit, dans le règlement de leur commerce? Ni l'Angleterre ni les colonies elles-mêmes ne peuvent envisager sérieusement l'idée d'un Parlement œcuménique; un instant suffit pour leur en montrer l'impossibilité.

Le type commercial a rencontré plus de faveur. Il a fécondé plus d'un esprit, et engendré plus d'une vingtaine de projets d'union douanière. De ces projets je ne retiendrai que celui qui a été proposé par M. Chamberlain. Il s'agit d'un Zollverein à établir entre l'Angleterre et ses colonies. A l'intérieur de ce Zollverein, une réciprocité fraternelle assure aux produits des colonies un régime de faveur en Angleterre, aux produits de l'Angleterre un régime de faveur dans les colonies. Tout autour, les États étrangers sont écartés par des droits différentiels. C'est le Royaume-Uni avec ses possessions d'outre mer, se suffisant à lui-même; c'est en même temps une renonciation solennelle au libre-échange. Il y a eu un commencement d'exécution : l'Angleterre a dénoncé les traités avec l'Allemagne et la Belgique pour avoir les mains libres. Il n'était pas besoin d'être très sagace pour apercevoir le vide et la fragilité de cette combinaison. L'Angleterre est-elle préparée à abandonner la politique du *Free-Trade* consacrée par tant de succès éclatants? L'opinion publique ne maintiendrait pas un instant au pouvoir les hommes d'État qui lui proposeraient de frapper de droits le gros de son approvisionnement, lequel lui vient de la Russie, des États-Unis, de l'Amérique du Sud, etc. Le premier effet de cette législation serait de rendre plus coûteuse la vie de l'ouvrier et d'élever partout les salaires. C'est ce qu'observe très justement sir Ch. Dilke. Les colons ne seraient pas apparemment plus favorables à la combinaison. La conséquence immédiate du Zollverein serait, chez chacune des colonies, l'abrogation des droits de douane, qu'il faudrait remplacer par des droits d'excise. Or, d'une part, c'est sur la métropole que ces droits pèsent de tout leur poids; les colonies continuent en effet de s'approvisionner en Angleterre de tout ce qu'elles ne produisent pas, et pour ne citer que l'Australie, le chiffre des importations britanniques n'a pas encore fléchi au dessous de 75 p. 100; d'autre part ces droits de douane sont la grande ressource des budgets coloniaux et forment la partie la plus claire du revenu. La facilité d'arrêter les marchandises à l'entrée, de percevoir le droit de donane, en apparence, sur l'étranger, de ne livrer aux nationaux que des denrées grevées d'une taxe qu'ils n'ont pas eu à payer, en fait un impôt de prédilection pour les communautés croissantes, qui ont au contraire beaucoup de peine à s'accommoder du droit d'excise, avec ses façons inquisitoriales, son inspection de tous les instants, les pertes de temps et d'argent que rendraient inévitables une perception disséminée sur tout un immense territoire. Il y a donc pour les colonies une impossibilité matérielle de se prêter au désir que M. Chamberlain a exprimé en 1897 aux premiers des différentes colonies, et personne ne peut s'étonner qu'il n'ait été répondu à la proposition d'un Zollverein que par cette simple phrase : « Les relations actuelles des colonies et de la métropole sont établies d'une manière très satisfaisante ». C'est ainsi que M. Chamberlain a été amené à laisser glisser de ses doigts « la pomme de terre trop chaude » qu'il offrait aux colonies avec un gracieux sourire.

Il avait eu le temps toutefois de présenter la troisième forme d'union, déjà réalisée en partie par l'*act of defence* conclu avec les colonies australiennes. Cet *act* était à renouveler et on voulait profiter de l'occasion pour rendre une certaine liberté de mouvement aux forces navales cantonnées dans les eaux australiennes. Les *premiers* firent la sourde oreille, et c'est seulement lorsque M. Goschen, devinant leurs sentiments secrets, se fut rabattu sur un simple renouvellement de l'*act*, sans liberté de déplacement pour les navires et sans augmentation de la somme à payer pour les colonies, que les « premiers » promirent avec empressement de soumettre la mesure à leurs Parlements respectifs. Le seul point sur lequel M. Chamberlain obtint gain de cause est la proposition qu'il fit qu'un régiment anglais allât de temps à autre au Canada, au Cap ou en Australie, pour y manœuvrer pendant trois mois sous les yeux des coloniaux, et qu'un régiment colonial vînt se faire voir en Angleterre pendant le même temps. Les premiers qui avaient été amenés, par les sentiments présumés de leurs commettants, à infliger au ministre de si humiliants échecs, saisirent avec joie l'occasion qui leur était offerte, et accueillirent avec une grande faveur la proposition sans conséquence de M. Chamberlain.

En somme l'impérialisme, si l'on entend par là un accord positif entre les colonies et la métropole, n'a rencontré que des mécomptes, et les raisons que Sir Ch. Dilke donne de cet insuccès sont trop intimes et trop profondes pour ne pas être durables. Il conclut par une dernière observation qui est paticulièrement judicieuse, c'est qu'en imposant aux colonies un lien conventionnel on porterait atteinte au lien sentimental, à l'affection filiale et spontanée qui attache les grandes colonies à la métropole. L'impérialisme est plus que jamais une rêverie.

Pour être une rêverie il n'en est pas moins la plus puissante, la plus effective des réalités. On dit volontiers que l'Anglais est avant tout un esprit pratique; on oublie qu'il est poète, le poète par excellence. Le véritable impérialisme, celui qui, récemment, pénétrait tous les cœurs, exaltait toutes les fiertés de la nation anglaise, est un sentiment purement mystique. C'est bien moins la conscience ramassée d'un seul peuple que le large sentiment d'une race commune. L'Anglais qui parcourt des yeux la carte du monde marquée d'innombrables taches rouges y reconnaît moins des rameaux que des rejetons, rejetons vigoureux nés des semences tombées du grand arbre; son orgueil se creuse pour faire place à un sentiment d'infinie grandeur; il s'élargit afin de contenir toutes les variétés de la race anglo-saxonne; les États-Unis, aujourd'hui détachés, y entrent à la suite des autres colonies anglaises. C'est l'orgueil d'un frère aîné qui appuie son droit de primogéniture sur sa force et sur sa richesse. Il n'est pas le maître; il est tout simplement le premier; l'hommage qu'il exige n'emporte aucune dépendance de la part de ses innombrables frères puinés.

Veut-on savoir comment ce mouvement vers l'impérialisme entraîne tout et engage, malgré eux, les gens les moins enclins aux conceptions mystiques? Il faut lire à la fin de la publication annuelle du *Cobden Club* (1899) l'incroyable théorie de droit des gens élaborée par des esprits positifs et *matter of fact* accoutumés de longue date à considérer les questions par leur côté pratique. Le Cobden Club est tout ce qui reste de l'école de Manchester. Il n'avait eu jusqu'ici que deux idées : le libre-échange et la paix. Sa politique n'embrassait que les traités de commerce et ne s'appliquait point aux autres actes des peuples. International par sa constitution, il restait neutre entre les nations et on lui avait plus d'une fois reproché, comme à l'école de Manchester, de manquer de patriotisme; or, tout récemment, on l'a entendu déclarer qu'aujourd'hui il n'était plus permis de se désintéresser de la conduite et des démarches des autres peuples, France, Allemagne, États-Unis, Russie; qu'il fallait y avoir l'œil et la main; qu'il ne s'agissait pas d'obtenir, sinon par persuasion, que les États historiques fissent de leurs vieux territoires des milieux plus libres où le commerce ne serait plus gêné par des lois restrictives, mais que toute autre était la condition des terres actuellement vacantes, que tout Anglais qui s'y établissait jouissait de la liberté du négoce; que si après cela, cette terre, non appropriée, tombait entre les mains d'une grande puissance, l'Angleterre avait le droit de soutenir et l'espoir de démontrer que les choses ne pouvaient être changées en ce qui concerne les sujets de Sa Majesté; que le libre-échange était la loi commune de tous les pays sans maîtres et que cette loi s'imposait au maître nouveau. Cette conception égoïste et autoritaire se rattache comme la conception mystique de l'impérialisme au caractère le plus profond, le plus essentiel de l'esprit anglais. C'est le propre de l'Anglais de ne voir que lui dans l'univers; il règle ses droits sur ses intérêts sans considérer les intérêts rivaux que ses droits rencontrent; il croit naïvement que sa supériorité est de celle que tous les peuples sont disposés à reconnaître; il la proclame sans scrupules et s'attend à voir le monde entier s'incliner devant ce nouveau principe du droit des gens. Disons mieux encore : il se considère comme une race à part, d'un sang plus pur que celui des autres hommes; l'Éternel l'a choisi pour être son peuple élu et il puise dans cette assurance un calme et imperturbable orgueil : *Tu regere imperio populos, Romane, memento*. Ce vers du poète exprime le sentiment qui remplit et obsède son âme, qui lui crée comme une conscience plus large, comme un point de vue plus élevé d'où il contemple l'univers. Il réunit la souplesse et la fluidité de Carthage, la dureté et la fierté de Rome, à la foi profonde du Juif marqué par les destins et qui, lui aussi, s'est emparé du monde.

ÉMILE BOUTMY.

www.ingramcontent.com/pod-product-compliance
Lightning Source LLC
LaVergne TN
LVHW010250230826
846091LV00007B/2897

* 9 7 8 2 0 1 3 4 5 6 3 9 5 *